Beate M. Weingardt · Aus allen Wolken gefallen

Beate M. Weingardt

Aus allen Wolken gefallen

Enttäuschungen und wie wir
damit fertig werden

 johannis

Für meine Freundin Sabine T.

Bibliografische Information der Deutschen Nationalbibliothek
Die Deutsche Nationalbibliothek verzeichnet diese Publikation
in der Deutschen Nationalbibliografie; detaillierte bibliografische
Daten sind im Internet über http://dnb.d-nb.de abrufbar.

ISBN 978-3-501-05270-9
Johannis Lebenshilfe 05 270
2. Auflage 2009
© 2008 by Verlag der St.-Johannis-Druckerei,
Lahr/Schwarzwald
Lektorat: Dr. Thomas Baumann
Umschlaggestaltung: Friedbert Baumann
Umschlagfoto: H. Reinhard
Gesamtherstellung:
St.-Johannis-Druckerei, Lahr/Schwarzwald
Printed in Germany 17213/2009

Inhalt

1. Enttäuschungen pflastern unseren Weg von Anfang an   7

2. Wie kommt es zu Enttäuschungen? – Externe Ursachen   16

3. Interne Ursachen für Enttäuschungen   24

4. Die Enttäuschung(en) in der Lebensmitte – zwei Gründe für die Midlife-Crisis   41

5. Enttäuschungen sind nicht immer, aber manchmal vermeidbar – einige Tipps   51

6. Wie gehen wir mit Enttäuschungen konstruktiv um?   61

7. Enttäuschungen mit Gott einst und heute   75

1. Enttäuschungen pflastern unseren Weg von Anfang an

Erinnern Sie sich an Ihre erste Enttäuschung als Kind?

Bei mir war es die Enttäuschung, dass es den Osterhasen nicht gibt. Wenige Zeit später war ich am Nikolaustag enttäuscht, weil ich merkte, dass der Nikolaus, vor dem ich so großen Respekt hatte, die Schuhe eines Nachbarn trug. Also gab's den auch nicht in echt! Andererseits war mit dieser Enttäuschung auch ein Vorteil verbunden – der Nikolaus konnte mir nicht mehr so große Angst einjagen!

Dann kam die Enttäuschung, die jedes Kind einmal durchmachen muss: Es stellt fest, dass Eltern auch nicht alles richtig machen und manchmal ungerecht sind. Wie entsetzt war ich, als meine Großmutter eines Tages auf meine Frage, wo mein alter Teddybär sei, antwortete: »Den habe ich im Ofen verbrannt, der war doch schon so kaputt!« – Natürlich hatte ich es bemerkt, dass meinem Teddy ein Arm und ein Bein fehlte und die Holzwolle herausschaute und wohl auch herausbröselte, aber es hatte mich überhaupt nicht gestört, und nie wäre ich auf die Idee gekommen, ihn deswegen auszurangieren! Und meine Großmutter – ohne mich zu fragen ... Ich war schockiert und enttäuscht zugleich, denn ich spürte tief in mir drin: Das hätte sie nicht tun dürfen. Und ich glaube, sie merkte es ebenfalls, als sie mein fassungsloses Gesicht – und wohl auch meine Tränen – sah.

Es folgen die Enttäuschungen der Schulzeit: Freundinnen waren treulos und unzuverlässig, Klassenarbeiten fielen schlechter aus, als man erwartet hatte, und Lehrer gaben einem nicht die erhoffte Note im Zeugnis.

Irgendwann trifft jedes junge Mädchen, jeden jungen Mann auch der erste Liebeskummer: Unsere – natürlich für unsterblich gehaltene – Verliebtheit wird nicht erwidert, oder der bzw. die Angehimmelte reagiert darauf zunächst interessiert – und zieht sich dann, ohne den Grund zu nennen, urplötzlich zurück. Man fällt aus dem siebten Himmel. Fast noch schlimmer war es allerdings für mich, wenn das Objekt meiner Begeisterung einem anderen Mädchen den Vorzug gab! So etwas stürzt in tiefe Selbstzweifel.

Dann kommt der wahre »Ernst des Lebens«, man studiert oder macht eine Ausbildung in der Hoffnung, danach einen interessanten Beruf zu ergreifen. Doch entweder sind just dann, wenn wir fertig sind und uns bewerben, gerade keine Stellen in unserem Traumberuf mehr frei – oder die Traumstelle, die man ergattert, entpuppt sich als gar nicht so traumhaft.

Denn jeder Beruf beinhaltet eben nicht nur Schönes, sondern auch Langweiliges, Anstrengendes, Unangenehmes, was man sich so nicht vorgestellt hatte.

Eines Tages, irgendwann, hat »Frau« vielleicht auch den Mann fürs Leben gefunden und wähnt sich am Ziel ihrer Träume. Aber bald schon – spätestens nach der Heirat – stellt sich heraus, dass er auch nur ein ganz normaler Mensch ist – was bedeutet: Er hat zwar viele interessante, aber nicht *ausschließlich angenehme* Eigenschaften ... Und er behauptet leider auch nicht, dass *wir* fehlerlos und perfekt seien! Im Gegenteil – gerade der Mensch, von dem wir die größte Wertschätzung und Bewunderung erfahren haben und natürlich weiterhin erwarten – sonst hätten wir ihn schließlich nicht geheiratet –, fängt eines Tages an, uns auch noch zu kritisieren! Wieder ist man um eine Enttäuschung und Frustration reicher.

Und so geht es weiter: Man wünscht sich möglicherweise Kinder und bekommt sie nicht. Oder man bekommt sie, aber es sind beileibe nicht die Traumkinder, die man sich vorgestellt hat, sondern manchmal ganz schöne Nervensägen, bei denen man sich fragt, wo sie ihre nicht nur liebenswerten Charaktereigenschaften wohl her haben ... (»Nur bei Begabungen glauben Eltern an Vererbung«, sagte kürzlich eine Mutter zu mir.)

Sind die Kinder schließlich erwachsen und gehen ihre eigenen Wege, steht man als Eltern oft ratlos, leider auch in der Regel machtlos, am Rande und macht sich Sorgen, wo diese Wege sie wohl eines Tages hinführen. Man hofft, ihnen mit der eigenen Erfahrung noch manchen guten Rat geben zu können – doch, welche Enttäuschung, sie schlagen unsere wohlgemeinten, taktvoll angebrachten Empfehlungen nicht selten in den Wind. Und so gehen die Jahre dahin – man hofft auf Enkel, doch sie stellen sich nicht ein. Auch die nach eigener Ansicht überfällige Beförderung lässt aus unerfindlichen Gründen lange auf sich warten. Man kommt in eine Notlage und stellt irritiert fest, dass Menschen, die man bis dahin für Freunde gehalten hatte, sich plötzlich zurückziehen.

Und dann, in der sogenannten dritten Lebensphase: Da hat man sich so auf den Ruhestand gefreut, doch plötzlich sind da gesundheitliche Probleme – oder der Partner stirbt – oder man muss Angehörige pflegen – und alles ist anders, als man es sich vorgestellt hatte.

Sie merken: Das Gefühl des Enttäuschtseins gehört zum Leben ebenso dazu, wie die

Wolken zum Himmel gehören. Natürlich gibt es auch ein wolkenloses Firmament für Stunden, Tage oder mitunter sogar Wochen – doch es ist kein Dauerzustand und sollte es auch auf keinen Fall sein, denn dann leidet eines Tages die Natur. Und was für die Natur gilt, gilt auch für uns Menschen: Zu lange Phasen mit ausschließlich »blauem Himmel«, ohne den Schatten einer Enttäuschung, sind ganz und gar nicht gut für uns. Doch dazu später mehr.

Aber – was für ein Gefühl ist das eigentlich: Enttäuschtsein?

Es ist in aller Regel ein sehr intensiv empfundenes Gefühl, das sich, wenn man es genauer untersucht, aus mindestens zwei Empfindungen zusammensetzt. Zum einen besteht es aus *Trauer*, manchmal auch aus *Wut* oder *Verärgerung*. Zum anderen gehört zum Enttäuschtsein auch die *Überraschung*, verbunden mit – zumindest am Anfang – einer gewissen *Ratlosigkeit*.

Wir müssen als Menschen dieses Gefühl

nicht lernen – wir haben es ganz spontan, wenn sich Erwartungen und Hoffnungen nicht erfüllen. Es ist einfach da, ungefragt, unvermittelt, und es überfällt uns oft mit einer Wucht, die uns selbst erschreckt. Nicht umsonst ist eine andere Umschreibung für Enttäuschtsein die Redewendung, dass man »aus allen Wolken fiel« – was allerdings, aber selten, auch bei positiven Überraschungen der Fall sein kann. Zum Beispiel wenn man erfährt, dass man in einem Preisausschreiben gewonnen hat, obwohl man nicht im Traum damit gerechnet hätte. Auch dann fällt man aus allen Wolken – und ist gleichzeitig im siebten Himmel. Sprachlich unlogisch, emotional sehr wohl möglich, aber wie gesagt, eher selten.

Andere Ausdrücke für das Gefühl des Enttäuschtseins sind: »am Boden zerstört sein«, »völlig vor den Kopf gestoßen« oder »fix und fertig sein«, was die Wucht und Vernichtungskraft der Erfahrung, die uns so enttäuscht sein lässt, deutlich macht. Das Überraschungsmoment der Enttäuschung wird auch deutlich in Redewendungen wie: »das hätte ich im Traum nicht gedacht« oder »ich war völlig entgeistert«, wobei in diesem Ausdruck die Ratlosigkeit besonders betont wird. Allerdings können beide Ausdrücke auch in positiver Bedeutung verwendet werden, wenn man zum Beispiel ein Geburtstagsgeschenk bekommt, das einen vor Freude fast »umhaut« und bei dem man »einfach platt« ist.

Häufig hängen sich an das Gefühl der Enttäuschung weitere Gefühle an. Welche dies sind, hängt davon ab, wen man für die Enttäuschung verantwortlich macht.

Wer *bei sich selbst* die Ursache der Enttäuschung sucht, bei dem folgt auf das Gefühl der Enttäuschung häufig das Gefühl der Scham und der Selbstablehnung: »Wie konnte ich nur so dumm sein! Warum habe ich das nicht kommen sehen? So etwas kann doch nur mir passieren! Sicher halten mich jetzt alle für total bescheuert!«

Wer eher *andere* für seine Enttäuschung anklagt, empfindet häufig intensive Wut – aber auch Neid: »Warum habe ich immer wieder so ein Pech? Andere haben Glück! Wo bleibt da die Gerechtigkeit?«

Auch zunehmendes Misstrauen kann die Folge einer Enttäuschung sein: »Ich vertraue niemandem mehr! Ich lasse mich nicht mehr für dumm verkaufen! Mir können die ... in Zukunft gestohlen bleiben!« Wobei hier oft unzulässig verallgemeinert wird: Ein oder zwei schlechte Erfahrungen mit jemandem führen dazu, dass pauschal eine ganze Gruppe (*die* Christen, *die* Schwiegermütter, *die* Ausländer, *die* Chefinnen ...) abgelehnt wird.

Nicht zuletzt können tiefe Enttäuschungen eine Form von seelischer Lähmung hervorrufen, die bis zu Verzweiflung oder Depression gehen kann. Die eigene Ratlosigkeit, oft verbunden mit tiefem Groll oder tiefen Selbstzweifeln, führt dazu, dass der Betroffene regelrecht emotional erstarrt, sich quasi von dem Schock der Enttäuschung nicht mehr erholt. Flucht in die Betäubung – Alkohol, Drogen, Medikamente, aber auch exzessives Arbeiten oder Ablenkung – liegt nahe.

2. Wie kommt es zu Enttäuschungen? – Externe Ursachen

Wir Menschen sind so konstruiert, dass wir uns unverzüglich, nachdem wir das Licht der Welt erblickt haben, an die Arbeit machen: Wir wollen diese Welt verstehen. Wir wollen begreifen, was mit uns geschieht und wie unsere Umgebung funktioniert!

Vor allem aber wollen wir wissen, ob wir vertrauen können. Die Arbeit, die auf uns wartet, besteht deshalb darin, dass wir uns bestimmte Bilder von unserer Umwelt machen, dass wir mit ihr in Kontakt treten und versuchen, Zusammenhänge zu erkennen.

Wenn ein Säugling beispielsweise die Erfahrung macht, dass, immer wenn er schreit, ein lächelndes Wesen auftaucht und sich um ihn kümmert, so formt das Baby alsbald die Erwartung: »Wenn ich schreie, kommt jemand und tut mir etwas Gutes.« Macht es hingegen die Erfahrung, dass immer wenn es schreit, ein Mensch mit finsterem Blick kommt und es seinerseits anschreit, so formt es die Erwartung: »Wenn ich laut bin, kommt jemand, der nicht gut mit mir umgeht.« Diese Verknüpfung nach dem Schema »wenn – dann« ist dem menschlichen Denken angeboren, und dieses Denken, man nennt es Kausaldenken (von *causa* = Ursache) ist die Grundlage allen Begreifens – und aller Erwartungen, Hoffnungen, Ziele und Träume, die der Mensch hat und entwickelt: »Wenn das geschieht, dann folgt darauf ...« oder »Wenn ich dies tue, wird jenes geschehen ...« usw.

Werden unsere selbst konstruierten Erwartungen, mit denen wir uns in der Welt orientieren, jedoch *nicht* erfüllt, so sind wir keineswegs in jedem Fall enttäuscht, sondern nur dann, wenn das, was wir erwartet haben, für uns mit einer *Hoffnung,* das heißt einer *positiven Erwartung* verknüpft war. War hingegen unsere Erwartung mit etwas Negativem, gar mit einer Furcht verbunden, so führt die Enttäuschung dieser Erwartung zu Freude und Erleichterung. In diesem Fall spricht man allerdings nicht von einer Enttäuschung, sondern allenfalls von einer »freudigen Überraschung«: »Ich dachte, das wird wieder so ein langweiliger Gottesdienst, aber dann war es sehr interessant!«

Was wollen uns diese Beispiele sagen? Sie machen deutlich: Nur eine *positive* Erwartung, die mit Freude, Hoffnung und Herzblut verbunden war, kann, wenn sie sich nicht erfüllt, das Gefühl hervorrufen, das wir als Enttäuschung bezeichnen. Die häufigsten Adjektive im Zusammenhang mit einer Enttäuschung sind deshalb auch die Worte »bitter« oder »herb«: »Der Wahlausgang bedeutete für die Kandidatin eine bittere Enttäuschung.« – »Dass sie sich von ihm trennte, war die herbste Enttäuschung seines Lebens für ihn.«

Doch wer oder was ist nun eigentlich »schuld« daran, dass wir immer wieder enttäuscht werden? Drei wichtige externe (= außerhalb von unserer Person liegende) Ursachen möchte ich erwähnen:

- Schuld sind Umstände, die wir einfach nicht in der Hand haben, das heißt Umstände, die man auch als »höhere Gewalt« bezeichnen kann. Ich denke hier an den völlig verregneten oder durch einen öl- oder quallenverseuchten Strand beeinträchtigten Sommerurlaub oder an den Unfall auf glatter Straße, der unser Leben von einem Tag auf den anderen einschneidend verändern kann, und niemand ist, streng genommen, schuld. Ich denke an die betagte Mutter, die so schön selbstständig war und plötzlich bekommt sie einen Schlaganfall oder Alzheimer und wird pflegebedürftig – gerade dann, als die eigenen Kinder aus dem Haus sind und man sich über die neu gewonnene Freiheit freute! – Es hat in diesen Fällen keinen Sinn, jemanden anzuklagen oder verantwortlich machen zu wollen. Man muss es einfach so akzeptieren, wie es ist.
- Schuld sind Entwicklungen in unserer Um-

welt, die wir einfach nicht voraussehen oder beeinflussen konnten. In dem Jahr, als ich dieses Büchlein schreibe, erfuhren in Baden-Württemberg am Ende des Schuljahrs über die Hälfte aller frischgebackenen Lehrer, dass sie voraussichtlich leider keine Anstellung an einer staatlichen Schule (in diesem Jahr) bekommen könnten. Damit hatten die wenigsten gerechnet, sah es doch in den Jahren zuvor sehr gut mit der Anstellungsmöglichkeit aus! Auch gibt es, um ein anderes Beispiel zu nennen, nicht wenige Familien, die hoffnungsvoll ein Haus bauen – und plötzlich verliert ein Elternteil seinen Arbeitsplatz, sodass die gesamte Finanzierung ins Wanken gerät – wer konnte das im Voraus wissen? Es kann jeden treffen – vor dieser Art von Enttäuschungen, ja von Scheitern ist niemand gefeit.

- Vielleicht am häufigsten jedoch sind andere *Menschen* die Ursache unserer Enttäuschungen. Dafür gibt es viele Gründe. Zum einen können Menschen uns vorsätzlich um ihres Vorteils willen belügen und betrügen.

Wenn man dies – oft erst im Nachhinein – erkennt, ist man tief betroffen – und enttäuscht, sofern man es von der Person nicht erwartet hat. Zum anderen können Menschen uns, ohne dass sie es wollen oder ihnen bewusst ist, enttäuschen – durch das, was sie tun oder nicht tun, was sie sagen oder nicht sagen.

Das lateinische Wort für Enttäuschung – *deceptio* – bedeutet wörtlich: Wegnehmen, Wegschnappen. Darin steckt eine tiefe Wahrheit: Wer enttäuscht wird, dem wird immer auch etwas weggenommen, nämlich ein Glaube, eine Hoffnung oder ein Vertrauen. Und wenn ein Vertrauen zerstört, das heißt weggenommen wird und es ist auch noch mit einem materiellen Verlust verbunden, so ist die Gefahr der Bitterkeit und des Grolls besonders groß. Man fühlt sich hintergangen, ausgenutzt, womöglich »für dumm verkauft«.

Abgesehen von solchen Fällen vorsätzlicher Täuschung aufgrund betrügerischer oder eigennütziger Absichten gehe ich allerdings davon aus, dass uns die meisten Menschen *ohne* Vorsatz enttäuschen. Sie haben überhaupt nicht im Sinn, uns erst zu täuschen, indem sie falsche Erwartungen oder Hoffnungen in uns wecken, und uns dann zu enttäuschen. Solch eine Vorgehensweise macht ja auch nur Sinn, wenn jemand aus der Täuschung einen persönlichen Vorteil zieht. Darum, so glaube ich, sind die meisten Enttäuschungen, die Menschen uns zufügen oder zumuten, eher so etwas wie ein Nebenprodukt ihres Handelns, das von ihnen gar nicht beabsichtigt ist. Sie tun etwas, was sie für richtig oder vorteilhaft für sich ansehen, und merken dann – oder merken es auch nicht –, dass sie damit einen anderen Menschen enttäuschen. Manchen ist dies auch von vornherein klar, aber da sie von der Berechtigung ihres eigenen Tuns überzeugt sind, nehmen sie es in Kauf, jemand anders dadurch zu enttäuschen.

Ich denke hier an die Tochter, die plötzlich Wege einschlägt, die wir einfach nicht für richtig halten. Ich denke an den Partner, der sich geistig oder seelisch in eine Richtung entwickelt, die uns große Probleme bereitet. Ich denke an die Freundin, die uns in einer schwierigen Lage nicht so beisteht, wie wir es erwartet haben, oder die uns mit einigen unbedachten Äußerungen tief verletzt. Immer ist es das gleiche Problem: Jemand ist nicht so oder nicht mehr so, wie wir es erhofften, oder jemand verhält sich nicht oder nicht mehr so, wie wir es erwartet haben. Er tut dies aber nicht, *um* uns zu enttäuschen, sondern weil er aus irgendwelchen Gründen der Überzeugung ist, so sei es das Beste für ihn selbst – oder auch für uns. Doch wie schnell sind wir dann mit dem Vorwurf zur Hand: »Ich bin enttäuscht von dir«, oder: »Wie kannst du mich nur so enttäuschen?« – und machen damit indirekt deutlich, dass der andere eigentlich ein schlechtes Gewissen haben sollte.

Doch die Frage ist, ob wir das Problem damit wirklich richtig erfasst haben. Möglicherweise siedeln wir es auch am falschen Ort an?

3. Interne (= in der enttäuschten Person liegende) Ursachen für Enttäuschungen

Ich bin der Überzeugung, dass der Kern des Problems in den allermeisten Fällen gar nicht bei dem anderen Menschen liegt, der unsere Erwartungen nicht erfüllt, sondern *bei uns selbst!*

Wie das Wort schon sagt, ist eine *Enttäuschung* das Ende einer Täuschung. Die Vorsilbe »Ent-« macht deutlich: Wir werden aus einer Täuschung herausgeführt (»ent« bedeutet immer: »weg von«, vgl. die Verben: entwickeln, entwachsen, entspannen, entreißen, entlaufen …).

Nun haben wir grundsätzlich zwei Möglichkeiten, wie wir dieses Ende einer Täuschung bezeichnen. Entweder sagen wir: »Der/die/das hat mich enttäuscht« – dann liegt die Ursache der Enttäuschung allem Anschein nach beim Gegenüber –, oder wir sagen: »*Ich* habe *mich* getäuscht.« Merken Sie den gravierenden Unterschied?

Im ersten Fall schreiben wir die Schuld bzw. die Verantwortung für das, was wir erleben und erleiden, einer externen Ursache oder einer anderen Person zu, im zweiten Fall suchen wir die Verantwortung in erster Linie bei uns selbst.

Wozu neigt der Mensch im Normalfall mehr? Wer die Menschen kennt, wird spontan antworten: »zum ersten Fall«. Dies hat gute Gründe: Wer die zweite Möglichkeit wählt – »*ich* habe mich getäuscht« –, wählt auf jeden Fall das zunächst schwerere Los: Er oder sie hat nämlich nicht nur die Frustration über den Verlust der Hoffnung zu ertragen, sondern auch noch das Gefühl der Scham oder des eigenen Versagens. Und wer möchte sich diese Gemütszustände und Gedanken nicht gern ersparen, indem er seine Hände sozusagen in Unschuld wäscht und lieber die anderen anklagt? Diese, ich möchte sagen, *Flucht* in die Anklage ist menschlich, allzumenschlich! Die Franzosen sagen: »Qui accuse, s'excuse« – zu

Deutsch: »Wer anklagt, ent-schuldigt sich«, das heißt: Er weist die Schuld weit von sich.

Darin liegt im ersten Moment zweifellos ein enormer Entlastungseffekt für das eigene Ego und das eigene Selbstwertgefühl. Dennoch halte ich es für gefährlich, bei Enttäuschungen lieber andere anzuklagen, als die Ursachen auch bei sich selbst zu suchen. Denn: Wer anklagt, begibt sich in die Opferrolle – und diese Rolle lähmt, ja, sie zieht nach unten. Diese Rolle ist der ideale Nährboden, auf dem Groll, Hass, Selbstmitleid, Bitterkeit und Unversöhnlichkeit wachsen können. Diese Rolle verhindert jede Entwicklung, die uns weiterführen, uns aus der negativen Situation befreien könnte. Eine solche Entwicklung beinhaltet:

- *nachdenken* über sich selbst
- *lernen* aus der Erfahrung
- *praktische Konsequenzen ziehen*.

Anders gesagt: Wer bei Enttäuschungen am liebsten *andere* verantwortlich macht, nimmt sich die Chance, etwas aus seinen Erfahrungen zu lernen – er oder sie bestraft langfristig sich selbst. Ich möchte diese tiefe Weisheit mit einem alten Märchen verdeutlichen:

Es war einmal eine alte Frau, der hatte der liebe Gott versprochen, sie heute zu besuchen. Daraufhin putzte sie das ganze Haus, buk einen Kuchen und bereitete alles vor. Und dann fing sie an, auf den lieben Gott zu warten. Auf einmal klopfte es an die Tür. Geschwind öffnete die Frau, aber als sie sah, dass draußen nur ein armer Bettler stand, sagte sie: »Nein, in Gottes Namen, geh heute deiner Wege! Ich warte grade auf den lieben Gott, ich kann dich nicht aufnehmen.« Und damit ließ sie den Bettler gehen und warf die Tür hinter ihm zu. Zwei weitere Bettler, die bei ihr anklopften, schickte sie ebenfalls weg: »Ich warte auf den lieben Gott. Ich kann euch jetzt nicht aufnehmen.« – Die Zeit ging hin, Stunde um Stunde. Es ging schon auf den Abend zu, und immer noch war der liebe Gott nicht zu sehen. Wo mochte er nur geblieben sein?

Zu guter Letzt musste sie betrübt zu Bett gehen. Bald schlief sie ein. Im Traum erschien ihr Gott. Er sprach zu ihr: »Dreimal habe ich dich heute aufgesucht, und dreimal hast du mich nicht empfangen.«

Wer oder was war schuld an der Enttäuschung dieser Frau? Natürlich könnte man sagen: »Selbstverständlich Gott – hätte er sich ihr nicht deutlicher zu erkennen geben können? Nämlich so, dass sie ihn auch im Bettlergewand erkannt hätte? War es nicht unfair von ihm, sich so zu verkleiden?« Wer so denkt, schiebt die gesamte Verantwortung für das Nichtzustandekommen der Begegnung Gott zu – ganz so, als ob die alte Frau nicht hätte anders denken oder handeln können, als sie es getan hat.

Die Aussage dieses Märchens zielt allerdings in eine andere Richtung, und deshalb erzähle ich es: Es macht deutlich, dass die Frau eine Chance nicht nutzte, die Gott ihr angeboten hatte – nämlich die Chance, ihn so zu erkennen, wie er *ist*, und nicht so, wie sie ihn sich *vorstellte*. Weil sie *eine zu genaue und festgefahrene Vorstellung* gehabt hatte, wie Gott aussehen würde, wurde sie bitter enttäuscht. Und weil sie nicht bereit oder in der Lage war, im Lauf des Tages ihre Vorstellung kritisch zu hinterfragen.

Und ist es nicht, wenn wir uns besinnen, wirklich so: *Die Hauptursache vieler, ja vielleicht sogar der meisten Enttäuschungen unseres Lebens sind unsere allzu festgelegten und konkreten Erwartungen.* Unsere Erwartungen, wie etwas oder jemand zu sein habe oder wie etwas oder jemand werden müsse. Was wir erreichen oder bekommen sollten, was uns zusteht oder zumindest »nicht zu viel verlangt ist«. Wie andere Menschen reagieren oder sich uns gegenüber verhalten sollten. Was das Leben beinhalten sollte und was nicht.

Wohlgemerkt: Erwartungen zu haben ist menschlich. Da der Mensch ein Wesen ist, das so etwas wie Orientierung und Sicherheit braucht, bildet er Erwartungen, so haben wir festgestellt. Wenn beispielsweise Freunde zu Besuch kommen, so haben wir die Erwartung, dass sie sich bei uns freundlich verhalten, sodass es ein entspannter Abend wird – andernfalls würden wir sie vermutlich nicht einladen. Wir haben darüber hinaus die Erwartung, dass die Freunde sich auf eine Art und Weise benehmen werden, wie wir es im Großen und Ganzen von ihnen gewohnt sind – »er« wird ein bisschen mehr reden als »sie« (oder umgekehrt), »sie« wird eher Persönliches erzählen als »er« (oder umgekehrt), beide werden auf jeden Fall irgendwann auf ihre Lieblingsthemen zu sprechen kommen ...

In der Tat: Je mehr wir eine Person kennenlernen und je vertrauter sie uns wird, desto konkreter sind unsere Erwartungen bezüglich ihres Verhaltens, ihrer Worte und Reaktionen. Es sind Erfahrungswerte, die jedoch auch die Gefahr in sich tragen, dass wir den anderen immer mehr »in eine Schublade stecken«. Der Dichter G. B. Shaw hat deshalb einmal gesagt, dass der einzige vernünftige Mensch in seiner Umgebung sein Schneider sei: »Er nimmt immer neu Maß an mir, wenn ich zu ihm komme. Alle anderen bleiben bei

ihren einmal gewonnenen Maßen ...« – und überprüfen gar nicht mehr, ob sie noch stimmen. Man kann allerdings Erwartungen gegenüber anderen Menschen in zweifacher Hinsicht haben:
- Man kann Erwartungen haben im Sinne von »auf etwas gefasst sein, was man von der Person gewohnt ist«.
- Oder man kann Erwartungen haben im Sinne von: »auf etwas hoffen, was man von der Person gerne hätte« oder gar im Sinne von »auf etwas einen Anspruch erheben, was die andere Person leisten soll«.

Und gerade wenn wir Menschen lieben, lauern in unserem Umgang mit ihnen beide Gefahren im Hintergrund: dass wir uns einerseits immer mehr ein Bild vom anderen machen und dass wir andererseits ihn vor allem deshalb lieben, weil wir uns von ihm die Befriedigung unserer Bedürfnisse erhoffen. Und wenn das nicht oder nicht mehr in ausreichendem Maße der Fall ist, sind wir frustriert oder gar empört.

Nun kann man sagen: »Warum soll ich denn einen Menschen sonst lieben, wenn ich mir von ihm nicht auch etwas Gutes erwarte für mein Leben oder meine Seele?« Die Frage ist berechtigt, denn in der Tat binden wir uns nicht an Menschen, von denen wir nichts Gutes erfahren haben und erwarten. Um positive Gefühle zu haben, muss jemand uns auf eine Weise behandeln oder begegnen, die uns angenehm ist.

Diese Erwartung ist vollkommen in Ordnung, solang das Objekt unserer Liebe dabei noch eine gewisse Freiheit behält in der Weise, wie es sich verhält und mit uns umgeht. Ja, unser Gegenüber muss auch die Freiheit haben, unsere Bedürfnisse gelegentlich zu enttäuschen, sonst wird aus unserer Liebe zu ihm ein Gefängnis, das über kurz oder lang die positiven Gefühle beim anderen erstickt. Mit anderen Worten: Zu jeder liebevollen Beziehung gehört auch die Bereitschaft, ein gewisses Maß an Enttäuschung zu akzeptieren, weil der andere *eben nicht* eine Marionette unserer Wünsche sein will und sein soll.

Erwarte ich beispielsweise von meinen Kindern, dass sie mich am Weihnachtsfest zu sich einladen, so muss ich ihnen gleichzeitig auch die Freiheit geben, diese Erwartung zu enttäuschen – andernfalls ist es mehr Eigenliebe als Liebe, die mich beseelt. Erwartungen sind in Ordnung – wenn sie nicht zu konkret sind und damit den anderen zu sehr einengen. Und wenn man sie immer wieder revidieren und korrigieren kann. Anders gesagt: Alle Beziehungen in unserem Leben können auf die Dauer nur lebendig bleiben, wenn wir lernen, auch Enttäuschungen zu verkraften und mit einem gewissen Maß an Frustration zu leben – das natürlich nicht größer sein sollte als die Freude am anderen und mit dem anderen.

Darum ist es auch sehr gefährlich, wenn man meint, das Glück im Leben bestünde darin, dass alles überwiegend »Spaß« machen sollte. Eine Arbeit oder eine Partnerschaft beispielsweise sollte immer Spaß bzw. Freude machen – das ist kompletter Unsinn. Im Gegenteil – alle wirklich wichtigen und vor allem wertvollen Bereiche und Beschäftigungen im Leben machen keineswegs immer nur Spaß und Freude. Sie bringen, bildlich gesprochen, auch viel »Schweiß und Tränen« mit sich – sei es der Beruf, sei es die Kindererziehung, sei es die Beziehung zu Eltern oder Freunden; sei es ein ernsthaft betriebener Sport, seien es so banale, aber unumgängliche Aktivitäten wie Kochen, Putzen, Ordnung halten oder Gartenarbeit, seien es so tiefschürfende Vorhaben wie offene und ernsthafte Gespräche oder die Bereitschaft, jemandem zu helfen oder ihm zu verzeihen.

Doch die Sache wird dadurch noch kompliziert, dass wir unsere oft allzu konkreten Erwartungen nicht nur anderen oder »dem Leben« gegenüber haben, sondern auch uns selbst gegenüber. Darum leben zahlreiche Menschen unter dem Damoklesschwert, eines Tages von sich selbst enttäuscht zu sein und sich selbst als »Versager« zu sehen. »Aber ist es denn nicht wichtig und richtig«, könnte man hier einwenden, »an sich selbst Erwartungen zu haben? ›Wer rastet, der rostet‹, das gilt doch auch von Menschen, die immer und unter allen Umständen mit sich zufrieden und nie von sich enttäuscht sind!« – Selbstverständlich ist es wichtig, etwas von sich selbst zu erwarten, ja, zu fordern. Wer sich keine Ziele setzt, kommt nicht vom Fleck! Doch die Frage ist: *Wer bestimmt*, was wir von uns selbst erwarten – und vor allem: *wie viel* wir von uns selbst erwarten? Wer bestimmt unsere Ziele? Ich würde sagen: vorwiegend die Umgebung bestimmt es – anfänglich sind die Eltern prägend, später wird es immer mehr die Gesellschaft und Kultur, in der wir leben[1]. Und wir in Westeuropa leben in einer Gesellschaft, die uns von klein auf eintrichtert, das Wichtigste im Leben seien Leistung und individueller Erfolg – Erfolg im Beruf, Erfolg in der Wohlstandsvermehrung, Erfolg in der Partnerschaft, Erfolg in der Erziehung der Kinder und schließlich und endlich: Erfolg im Kampf gegen das Alt- und Gebrechlichwer-

[1] Vgl. dazu mein Buch »Du bist gut genug«, 3. Aufl. R. Brockhaus-Verlag 2007

den ... Dieser Erfolgsdruck führt nicht nur allzu leicht zu Selbstüberschätzung, sondern auch mit hoher Wahrscheinlichkeit zu *Selbstüberforderung*.

Ist es ein Wunder, dass mit diesem hohen Druck auch die Enttäuschungsgefahr enorm anwächst? Ist es ein Wunder, dass an der beruflichen Front mit immer härteren Bandagen gekämpft wird, um den eigenen Erfolg durchzuboxen? Und ist es ein Wunder, dass viele Menschen bei diesem Kampf irgendwann enttäuscht und frustriert auf der Strecke bleiben? Sie werden dann häufig körperlich oder seelisch krank, gleiten in Sucht ab oder in eine Depression – weil sie insgeheim von sich selbst enttäuscht sind, sich schämen und sich als Versager fühlen. Darum: so wichtig es ist, sich selbst Ziele zu setzen und dafür auch hart zu arbeiten, so gefährlich ist es auch, wenn die Ziele zu hoch gesteckt oder schlichtweg falsch gewählt sind. Was früher Schuldgefühle gegenüber Gott waren, vor dessen Gericht man in diesem oder im späteren Leben zitterte, ist heute oft abgelöst von Schamgefühlen gegenüber der Gesellschaft, vor deren Urteil man zittert.

Doch, wie schon herausgearbeitet: Viele Menschen haben schlichtweg allzu genaue Vorstellungen davon, wie *andere* Menschen sich zu verhalten hätten. Denn für uns alle gilt die Tatsache: Wir sehen die Menschen nicht so, wie sie wirklich *sind*, sondern wir sehen sie so, wie wir sie gerne *hätten*.

Das bedeutet: Ausschlaggebend für unsere Erwartungen – die ja die Voraussetzung für Enttäuschungen sind – sind oft nicht die tatsächlichen Verhältnisse und Gegebenheiten. Stattdessen sind es unsere eigenen Wünsche und Bedürfnisse, oft noch verbunden mit Traditionen und Konventionen (»das machen doch alle«, »das gehört sich einfach«, »in unserer Familie war das schon immer so« usw.). Wir stülpen diese »Hoffnungsklamotten« quasi einfach über den anderen drüber oder versuchen gar, ihn mit Gewalt hineinzuzwängen, ohne ihn zu fragen – und ohne *uns* zu fragen –, ob sie dem anderen überhaupt passen.

Und wenn er sie dann bei nächster Gelegenheit von sich wirft, sind wir tief gekränkt.

Da schenkt man der Tochter – natürlich in wohlmeinender Absicht – ein komplettes Edelstahltopfset zu Weihnachten und ist enttäuscht, wenn man feststellt, dass die Dinger umgehend in irgendeiner Kiste im Keller gelagert oder großzügig der notleidenden besten Freundin geschenkt werden. Oder man beglückt den Liebsten mit einer endlich einmal etwas flotteren, farbenfrohen Krawatte und ist konsterniert, wenn er bei nächster festlicher Gelegenheit den alten Schlips, den man persönlich so fade findet, bevorzugt und den Geschenkschlips stillschweigend verschmäht. Doch wenn wir ehrlich sind, müssen wir zugeben: Wir wollten eigentlich nicht unbedingt dem anderen etwas Gutes tun, sondern wir wollten ihn mithilfe unseres Geschenkes ein bisschen in die Richtung schieben, die *wir selbst* äußerst attraktiv und erstrebenswert finden. Und sind im Grunde darüber enttäuscht, dass er das Spiel nicht mitspielt – und womöglich auch noch unsere wahren Motive durchschaut.

Ein anderes, leider häufig vorkommendes Beispiel dafür, wie Menschen lieber an ihren Wunschbildern festhalten, als sich der Wirklichkeit zu stellen:

Ein Kind bekommt in der vierten Klasse von seiner Klassenlehrerin eine Empfehlung, ab der fünften Klasse die Realschule zu besuchen. Die Eltern protestieren empört, ihre Tochter sei intelligent genug, um das Gymnasium zu besuchen, und sie würden deswegen eine Empfehlung fürs Gymnasium erwarten. Als die Lehrerin ihnen geduldig erläutert, dass die Empfehlung sich auf die bisherigen schulischen Leistungen des Kindes stützt und dass hierzu verbindliche Notenkriterien angewandt werden, beschuldigen die Eltern die Lehrerin, ihrem Kind zu schlechte Noten gegeben zu haben. Mit anderen Worten: Die Eltern sind so fixiert auf ihr Wunschbild von der intelligenten Tochter, die eines Tages mit dem Abitur in der Tasche nach Hause kommt, dass sie sich weigern, die zumindest gegenwärtige Realität – dass die schulischen Leistungen keineswegs auf so viel

Intelligenz bzw. Leistungsvermögen hindeuten – anzuerkennen. Stattdessen wird lieber das Urteilsvermögen der Lehrerin in Zweifel gezogen. Viele dieser Kinder leiden unter den unrealistischen Erwartungen ihrer Eltern, weil sie deren hochfliegende Ziele nur mit Mühe erreichen und eigentlich überfordert sind.

Doch gerade bei den Allernächsten und Allerliebsten – Eltern, Partner, Kinder, Geschwister, Freunde – neigt der Mensch zu besonders hohen und besonders konkreten Erwartungen, wie sie zu sein haben und wie sie mit uns umgehen sollten. Denn die Bindung an sie führt zu Nähe. Nähe führt zu Vertrautheit. Vertrautheit führt zu Gewohnheit. Gewohnheit führt zu Erwartungen. Erwartungen neigen dazu, sich zu verselbstständigen, unbewusst zu bleiben und nicht (mehr) hinterfragt zu werden ...

Deshalb ist bei den Allernächsten und -liebsten die Enttäuschungs- und Verletzungsgefahr sehr groß, wenn nicht am größten.

4. Die Enttäuschung(en) in der Lebensmitte – zwei Gründe für die Midlife-Crisis

Seit einigen Jahrzehnten gibt es den inzwischen allgemein bekannten Begriff der »Midlife-Crisis«, zu Deutsch: der Krise in der Lebensmitte. Diese Krise erfasst nicht alle Menschen, doch sehr viele – und auffälligerweise konzentriert sie sich bei vielen auf die Zeitspanne zwischen ihrem 40. und 50. Lebensjahr. Nun könnte man bei Frauen spekulieren, dass die Krise mit der hormonellen Umstellung im Zuge der näher rückenden Wechseljahre zusammenhängt, die, bedingt durch den sinkenden Östrogenspiegel, in der Tat mit Phasen seelischer Verstimmtheit einhergehen kann (aber nicht muss).

Doch erstens wäre diese Erklärung allein sicher nicht ausreichend, und zweitens ist die

Midlife-Crisis vermutlich genauso häufig auch bei Männern anzutreffen.

Es gibt meines Erachtens gute Gründe, weshalb diese Krise meist im weiteren Umkreis des 40. Lebensjahres eintritt. Zwei Gründe möchte ich näher betrachten:

1. Die Chancen für grundlegende positive Veränderungen werden geringer

Wer jung ist, kann bei allem, was er nicht erreicht oder was ihm misslingt, sagen: »Dann eben ein andermal, was nicht ist, kann ja noch werden!« Wer jung ist, lebt nämlich in der Erwartung, den größten Teil des Lebens noch vor sich zu haben – sodass auch noch unendlich viel passieren kann. Wenn ich mit 25 Jahren den Mann fürs Leben noch nicht gefunden habe – kein Problem, ich bin ja noch jung. Wenn ich mit 30 Jahren noch nicht Chefsekretärin oder Chef geworden bin – muss ja auch noch nicht sein, ich bin ja noch jung. Wenn meine Kinder in der Grundschule noch etwas verträumt sind – keine Sorge, sie können später immer noch »durchstarten« und beruflich etwas aus sich machen. Je älter wir werden, desto mehr erkennen wir jedoch eine Art roter Faden, der sich abzeichnet und den wir auch nicht mehr ohne Weiteres verändern können. Das verträumte Kind ist auch als Jugendlicher nicht gerade leistungsorientiert. Der Partner ist immer noch nicht Chef und wird es wohl auch nicht mehr werden. Die Traumstelle, auf die wir immer gehofft haben, wird sich wohl jenseits der 50 nur noch mit großem Glück auftun ... Mit anderen Worten, wir müssen immer mehr Hoffnungen begraben oder zumindest »stark korrigieren«.

Man kann auch sagen: Immer mehr Türen schlagen zu und immer mehr Grenzen werden sichtbar. Wenn wir als Frauen noch ledig sind, müssen wir mit der Trauer darüber fertig werden, möglicherweise keine eigenen Kinder mehr zu bekommen, weil uns der Partner dazu fehlt. Wenn wir verheiratet sind, müssen wir erkennen, dass bestimmte Wesenszüge unseres Partners von uns nicht veränderbar sind, wir können uns nur damit anfreunden oder aussöhnen, sofern es uns gelingt. Wenn wir Kinder haben, konfrontieren sie uns mit Entscheidungen, die wir nicht gutheißen, aber auch nicht mehr beeinflussen können. Und so weiter.

Das biologische Älterwerden konfrontiert uns darüber hinaus mit Grenzen unserer Attraktivität und körperlichen Belastbarkeit, die wir nicht mehr ohne Weiteres verändern können[2]. Erste gesundheitliche Einschränkungen können sich abzeichnen, mit denen wir lernen müssen, zu leben.

Fazit: Spätestens in der Lebensmitte muss jeder realistische Mensch erkennen, dass vieles anders kam, als man erwartet und erhofft hat. Und dass vieles nicht eingetroffen ist, was man ersehnt oder angestrebt hat.

2. Zu wenig gründliche Auswertung von Erfahrungen

Immer wieder mache ich bei Menschen jenseits der Lebensmitte, die zur psycholo-

---

[2] Auch sogenannte Schönheitsoperationen können ja, abgesehen vom gesundheitlichen Risiko, den Alterungsprozess in der Regel nur hinauszögern.

gischen Beratung zu mir kommen, die Beobachtung, dass sie aus den negativen Erfahrungen, die sie in der Vergangenheit machten, zu wenig oder gar keine Konsequenzen gezogen haben. Die Folge davon ist, dass sich diese Erfahrungen wiederholen und summieren, sodass schließlich das eintritt, was in dem Sprichwort »Der Krug geht so lange zum Brunnen, bis er bricht«, umschrieben wird: Menschen können mit der Last ihrer Verletzungen und Enttäuschungen nicht mehr leben. Das in vielen Jahren angehäufte Leid, die zahllosen Frustrationen sind wie ein schweres Paket, das sie ständig mit sich tragen und das ihnen alle Kraft zur aktuellen Lebensbewältigung und Lebensfreude raubt. Doch so weit hätte es in vielen Fällen nicht kommen müssen, wenn frühzeitiger etwas unternommen worden wäre.

Ein Beispiel: Eine Frau, ungefähr 50 Jahre alt, kommt zu mir, weil sie mit ihrer Mutter nicht mehr zurechtkommt. Die Mutter, so stellt sich heraus, hat sie noch nie so akzeptiert, wie sie ist, sondern mäkelt und nörgelt ständig an ihr herum. Die Tochter versuchte im Gegenzug ständig, es der Mutter recht zu machen, um doch noch ihre Anerkennung zu bekommen. Gelegentliche Versuche, sich zu wehren, waren viel zu zaghaft und halbherzig, um von Erfolg gekrönt zu sein. Die Hoffnung, doch noch eines Tages die umfassende Liebe der Mutter zu erfahren, wurde im Lauf der Jahre immer schwächer und machte einer tiefen inneren Enttäuschung, verbunden mit Wut, aber auch wachsenden Selbstzweifeln, Platz.

Hätte die Tochter schon frühzeitig erkannt, dass man eine Liebe, die den anderen akzeptiert, wie er ist, sich niemals »erarbeiten« kann, sondern dass sie ein Geschenk ist, das Menschen entweder gelernt haben zu geben, oder nicht gelernt haben, dann hätte die Frau frühzeitig daraus Konsequenzen ziehen können. Welche? Sie hätte sagen können: »Wenn meine Mutter bis jetzt nicht dazu bereit oder in der Lage ist, mich als den Menschen zu respektieren, der ich bin, dann wird sie es mit größter Wahrscheinlichkeit auch in Zukunft nicht sein, es sei denn, etwas in ihr ändert sich grundlegend – doch das habe nicht ich in der Hand. Ich muss also lernen, ohne die Anerkennung meiner Mutter zu leben. Und ich muss lernen, mich vor ihren Angriffen so weit zu schützen, dass ich nicht immer wieder verletzt werde und an mir selbst zu zweifeln beginne.« – Eine harte Zeit des inneren Abschieds und vielleicht auch der äußeren Kämpfe hätte begonnen, denn vermutlich hätte die Mutter es nicht kampflos hingenommen, dass sich die Tochter ihr entzieht und sich von ihr energisch abgrenzt. Doch nach Abschluss dieser Zeit hätte sich das seelische Gleichgewicht und das Selbstwertgefühl der Tochter wahrscheinlich stabilisiert, ja es wäre vermutlich sogar gewachsen.

Das meine ich mit »Konsequenzen ziehen« – dass wir, so schmerzlich es für uns ist, Erfahrungen gründlich anschauen und auswerten und uns fragen, welche Erkenntnis sie für uns bereithalten. Ziehen wir diese Lehre daraus, können wir uns vor weiteren Enttäuschungen schützen – ziehen wir sie nicht daraus, weil wir lieber an unseren Illusionen festhalten, muss uns das Schicksal noch oft »stolpern« lassen oder gar zu Fall bringen.

Doch was ist der Grund, weshalb es uns so schwerfällt, diese Lehren und die damit verbundenen Konsequenzen zu ziehen? Sicher ist einer der Hauptgründe dafür, dass jedes Loslassen einer Hoffnung einen Verlust darstellt, der auch mit einem Stück Trauerarbeit verbunden ist. Und diese Trauerarbeit versuchen wir natürlich so lange wie möglich zu vermeiden.

Ein anderer, möglicherweise noch bedeutenderer Grund, weshalb wir so lange und oft wider alle Erfahrung an unseren Erwartungen und Hoffnungen festhalten, liegt darin, dass wir Angst haben. Angst vor dem, was an Konsequenzen auf uns zukommt, wenn wir etwas ändern. Angst, nicht die Kraft zu haben, eine Situation zu beenden, die uns nicht guttut, die uns überwiegend oder gar permanent frustriert. Aus diesem Grund halten beispielsweise auch viele Partner in Ehen aus, die sie eigentlich schon lange beenden müssten, sofern ein aufrichtiges gemeinsames Gespräch und eine gemeinsame Weiterentwicklung nicht möglich sind. Sicher kann man ein Leben lang auf eine Wendung zum Guten hoffen – aber man hat auch die Pflicht, sein eigenes Belastungsvermögen realistisch einzuschätzen und sich nicht seelisch kaputtmachen zu lassen (zumal häufig die körperliche Gesundheit darunter leidet[3]).

Ich beobachte auch, dass die Angst vor Einsamkeit Menschen oft davon abhält, aus frustrierenden Erfahrungen Konsequenzen zu ziehen. Oder die Angst: »Was sagen da die Leute?« – Werde ich – beispielsweise – nicht für egoistisch und herzlos angesehen, wenn ich mich trenne? Oder wenn ich meine Mutter/meinen Vater ins Pflegeheim gebe, weil ich es einfach nicht mehr schaffe? Es ist in der Regel ein tiefer Mangel an Selbstvertrauen und Selbstbewusstsein, verbunden mit zu starker Fremdbestimmung, der dazu führt, dass sich Menschen allzu sehr an die Brosa-

---

[3] Vgl. mein Buch »Das verzeih ich dir (nie)«, R. Brockhaus-Verlag, 8. Aufl. 2008, wo ich ausführlich über die gesundheitlichen Auswirkungen seelischer Kränkungen berichte.

men der Anerkennung und Liebe klammern, die ihnen von Familienmitgliedern oder ihrer Umwelt hingeworfen werden. Brosamen, die jedoch, im Bild gesprochen, zum Sterben zu viel und zum Leben zu wenig sind und deshalb nur Stillstand produzieren!

Und so fristen unzählige Frauen und Männer, Söhne und Töchter, ein enttäuschtes, unzufriedenes und deshalb äußerst kraftzehrendes Dasein in ihren Familien oder an ihren Arbeitsstellen. Warum? Weil sie es nicht wagen, fremde Erwartungen zu enttäuschen – oder weil sie es nicht übers Herz bringen, von eigenen Erwartungen tapfer Abschied zu nehmen. Nicht zufällig endet das Gedicht »Stufen« von Hermann Hesse mit den Worten: *»Wohlan denn, Herz, nimm Abschied – und gesunde!«*

Doch gerade in der Lebensmitte ist noch Zeit und Gelegenheit, wichtige Entscheidungen zu treffen, die einen, wenn auch mit Verlusten verbundenen Neuanfang ermöglichen. Noch haben wir genügend geistige und seelische Kraft dazu.

5. Enttäuschungen sind nicht immer, aber manchmal vermeidbar – einige Tipps

Es ist keineswegs eine Frage von Glück- oder Pech-Haben, die über die Häufigkeit unserer Enttäuschungen im Leben entscheidet – diese Erklärung wäre viel zu einfach und würde am eigentlichen Kern der Enttäuschung, der nicht selten in unserer eigenen Person liegt, vorbeigehen. Darum einige Tipps, wie man die Wahrscheinlichkeit von Enttäuschungen im einen oder anderen Lebensbereich möglicherweise vermindern kann:

- Nehmen Sie Ihre Erwartungen kritisch unter die Lupe, und zwar unter folgenden Kriterien: »Was spricht dafür, dass sich diese Erwartungen erfüllen? Haben sie sich in der Vergangenheit erfüllt? Sind diese Erwartungen eher von meinen Wünschen diktiert – oder von der Wirklichkeit, so wie sie ist?«

– Besorgen Sie sich im Zweifelsfall Informationsmaterial (zum Beispiel durch Bücher zum Thema), um einschätzen zu können, wie realistisch Ihre Erwartungen wirklich sind. Oder sprechen Sie mit vertrauten, ehrlichen Menschen darüber.

- Falls Sie der Meinung sind, Ihre Erwartungen seien vollkommen »normal« und deshalb auch berechtigt: Fragen Sie sich, woher Sie Ihre Vorstellung haben, was normal ist. Wer legte oder legt dies fest, was sind Ihre Quellen, wer hat darüber das letzte Wort? Abgesehen davon muss das Normale im Sinne des Üblichen noch lange nicht das Richtige sein – weder für Sie noch für denjenigen, an den Sie Erwartungen richten. Ein Beispiel: In den meisten Familien ist es normal, dass die Frau für das Kochen der Mahlzeiten verantwortlich ist und der Mann für das Rasenmähen und andere »gröbere Arbeiten« im und ums Haus. Wenn nun aber ein Mann leidenschaftlich gerne kocht und eine Frau handwerklich ausgesprochen geschickt ist – wäre es da nicht völlig »daneben«, wenn sie ihm sein »unnormales« Hobby und er ihr ihre »nicht ganz normale« Begabung vorwerfen würde? Ist es hingegen nicht wunderbar, wenn man sich auf sinnvolle Weise gegenseitig ergänzt – ohne den Blick auf die Statistik, die besagt, was angeblich normal ist und was nicht?

Menschen sind, davon abgesehen, alle nur in Maßen »normal« – sonst wären sie nämlich keine Individuen, sondern lediglich Kopien. Und gerade begabte, selbstständige, originelle und unkonventionelle Menschen haben mit dem, was angeblich normal ist, meist wenig zu tun – und wenig am Hut. Auch Jesus war in den Augen seiner Zeitgenossen nicht ganz normal ...

- Fangen Sie, wenn Sie Erwartungen an bestimmte Personen haben, nicht an, diese zu rechtfertigen, indem Sie aufrechnen im Sinne von: »Da ich dies für dich getan habe, musst du Folgendes für mich tun ...« – Wer so redet, verrät damit, dass sein Handeln nicht von Liebe, sondern eher von Selbstsucht oder Berechnung diktiert war und ist. »Do ut des« – »Ich gebe, damit du gibst«, nannten die Römer diese zweckorientierte Denkweise. Damit wird das vermeintliche Geschenk nachträglich entwertet zum Auftakt eines Kuhhandels. Wer beispielsweise von seinen Kindern bestimmte Leistungen einfordert mit dem Argument »Denk daran, was ich alles für dich getan habe!«, der fordert etwas, was eigentlich nur ein Geschenk sein kann, nämlich Liebe. Wenn Sie allerdings merken, dass Ihre eigene Hilfsbereitschaft, Gutmütigkeit oder Opferbereitschaft von der Gegenseite nicht geschätzt und erwidert, sondern lediglich hingenommen oder gar ausgenutzt wird, so hilft auch Aufrechnen nicht weiter – hier müssen klare Konsequenzen von Ihrer Seite gezogen werden.

- Setzen Sie, *wenn* Sie schon Hoffnungen haben, nicht alles auf eine Karte. Das bedeutet: Klammern Sie sich nicht an *eine* Erwartung, von deren Erfüllung alles abhängt, sondern überlegen Sie sich Alternativen, die ebenfalls möglich sein können und dürfen. Je flexibler wir in unseren Vorstellungen und Erwartungen sind, desto mehr schützen wir uns vor Enttäuschungen, weil wir leicht umstellen können. Worin unterscheiden sich zum Exempel Optimisten von Pessimisten? Beide erwarten etwas, was in der Zukunft liegt. Als Optimisten bezeichnet man diejenigen, die grundsätzlich eher *Positives* von anderen und von der Zukunft erwarten – ohne allzu genau festzuschreiben und festzulegen, was dieses Positive alles beinhalten muss. Dies ist eine kluge und im Übrigen auch höchst gesundheitsfördernde Haltung, weil sie Stress verhindert und Gelassenheit fördert.

Nicht klug ist es, immer nur das Negative zu erwarten – was den Pessimisten auszeichnet. Er steht nämlich – auch das ist wissenschaftlich gut belegt –, schnell unter Spannung und gerät zumindest im zwischenmenschlichen Bereich in große

Gefahr, genau das zu bekommen, was er erwartet, nämlich für ihn Negatives. Man nennt das eine »sich selbst erfüllende Prophezeiung«: Die Menschen spüren unbewusst unsere düster gefärbte Erwartung – und verhalten sich dementsprechend. Beispiel: Wer auf eine Party geht mit der Vorstellung: »Sicher werde ich wieder interessante Leute kennenlernen und mich glänzend unterhalten«, strahlt eine Hoffnungsfreude aus, die ihn anziehend und kontaktfreudig wirken lässt.

Wer hingegen mit der Erwartung auf das Fest geht: »Sicher wird mich wieder kein Mensch beachten und ich werde gelangweilt am Rande stehen«, wird mit großer Wahrscheinlichkeit die entsprechende missmutige oder schüchterne Ausstrahlung an den Tag legen, welche die Menschen tatsächlich vor ihm zurückweichen lässt.

- Fragen Sie sich, sofern Ihre Erwartungen sich auf Menschen richten: »Weiß der oder die andere Person überhaupt, *dass* ich etwas von ihr erwarte – und weiß sie, *was das ist*? Habe ich ihm/ihr meine Vorstellungen klar mitgeteilt?«

Wer Erwartungen hat, muss auch lernen, sie in Worte zu fassen – und zwar als Wunsch und Bitte vorgetragen, sofern es sich um freiwillige Handlungen des anderen handelt. Nur Chefs und Vorgesetzte dürfen – abgesehen von Vertretern der Staatsgewalt – uns Befehle erteilen –, und Chefs bezahlen uns dafür, dass wir ihren Anordnungen Folge leisten. Anders gesagt: Wer Wünsche hat, muss den Mut haben, sie auszusprechen – auch auf die Gefahr hin, vom anderen ein klares »Das kann/will ich nicht und tue ich nicht!« zu hören. Ich weiß, dass die meisten Menschen es im Elternhaus nicht gelernt haben, gerade auch emotionale Wünsche und Bedürfnisse zu formulieren. Es fällt ihnen zwar überhaupt nicht schwer zu sagen: »Bitte gib mir noch etwas zu trinken!«, aber sie haben nicht gelernt zu sagen: »Bitte nimm dir etwas mehr Zeit für mich, ich fühle mich von dir gar nicht richtig wahrgenommen!« oder zu sagen: »Bitte nimm mich ernst, wenn ich dir etwas erzähle, und urteile nicht so schnell, sonst habe ich keine Lust dazu, mich dir mitzuteilen!« Doch auch wer dies nicht in Kindheit und Jugend gelernt hat, kann es jederzeit nachlernen – man muss es nur wollen, sich Hilfe suchen und üben, üben, üben.

• Falls Sie Ihren Wunsch oder Ihre Erwartung nicht klar formulieren dem anderen gegenüber: Fragen Sie sich ehrlich, was Ihre Gründe sind. Viele Menschen bevorzugen aus Angst vor Ablehnung oder Konflikten gerade im Familienkreis die *indirekte Form* der Erwartungsmitteilung. Sie besteht häufig darin, dass man sich lediglich in Andeutungen ergeht und hofft, dass der andre »weiß, was gemeint ist«. »Findest du nicht auch, dass der Garten mal dringend aufgeräumt gehört?« ist noch eine harmlose Variante der indirekten Erwartung. Anstrengender sind schon Äußerungen wie »Also, dein Bruder bringt seiner

Frau jede Woche einen Blumenstrauß mit!« (an den Ehemann gerichtet) oder, an die Kollegin gewandt: »Normalerweise bin ich gewöhnt, dass man miteinander in die Mittagspause geht!« Hier werden Erwartungen jeweils »verpackt« – und der andere darf unter Umständen raten und sich den Kopf zerbrechen, was man eigentlich will. Viele Menschen sind auch Meister darin, dem Gegenüber via Körpersprache zu zeigen, dass sie enttäuscht von ihm sind – man macht ein bekümmertes oder grimmiges Gesicht, redet nichts mehr oder nur noch in gereiztem Ton mit dem anderen, zieht sich von ihm zurück usw. Dadurch wird die eigene emotionale Betroffenheit an den anderen weitergegeben, ja, man kann sagen: Es wird *emotionaler Druck* ausgeübt. Das Gegenüber *muss* auf diesen Druck irgendwie reagieren: entweder mit verärgertem Nachgeben oder mit stillem Rückzug. Entweder mit Aggressivität, was eine Form des Gegendrucks ist, oder mit demonstrativer Gleichgültigkeit, die auch eine Trotzreaktion sein kann. In jedem Fall erzeugt Erwartungsdruck immer ein Klima der Spannung und der Disharmonie, das die Beziehung belastet und sie auf die Dauer, falls nicht über die Erwartungen gesprochen werden kann, verschlechtert.

6. Wie gehen wir mit Enttäuschungen konstruktiv um?

Halten wir das bisher Gesagte noch einmal in einigen Kernsätzen fest:

- Es gibt Enttäuschungen, die das Leben einfach mit sich bringt, ohne dass man sich oder jemanden anderen dafür verantwortlich machen könnte. Hier kann man nur sagen »C'est la vie« oder auch »Irren ist menschlich«.
- Enttäuschungen sind ein Teil jeder engeren menschlichen Beziehung, weil andere Menschen nicht immer unsere Erwartungen erfüllen können und wollen. »Nehmt die Menschen, wie sie sind – es gibt keine anderen!« (S. Schönfeldt)
- Beziehungen können auf die Dauer nur harmonisch und glücklich sein, wenn wir lernen, Wünsche zu äußern, zu diskutieren und gegebenenfalls auch zu korrigieren, zu revidieren oder ganz aufzugeben.

- Oftmals sind unsere zu unrealistischen, zu festgefahrenen oder zu sehr an den eigenen Bedürfnissen orientierten Erwartungen die Ursache unserer Enttäuschungen.
- Wenn wir uns in jemandem täuschen und er uns infolgedessen irgendwann enttäuscht, tragen *wir* dafür die Verantwortung, nicht der andere.
- Jede Enttäuschung birgt – da sie das Ende einer Täuschung ist – die Chance in sich, daraus etwas über uns selbst, den anderen, die betreffende Sache oder das Leben und die Wirklichkeit ganz allgemein zu lernen. Es liegt an *uns*, ob wir diese Chance erkennen, annehmen und nutzen. Dem früheren sowjetischen Staatschef Michail Gorbatschow wird das kluge Wort zugeschrieben, das auch und gerade für den Umgang mit Enttäuschungen zutrifft und wegweisend ist: *»Wer aus den Fehlern der Vergangenheit nichts lernt, ist dazu verdammt, sie zu wiederholen.«*

Natürlich können wir Enttäuschungen so verarbeiten, dass sie uns immer niedergedrückter, misstrauischer und verbitterter machen – das setzt jedoch voraus, dass wir uns in die Opferrolle begeben und darin sozusagen verstrickt bleiben. Wir fühlen uns dann zeitlebens der Willkür, Lieblosigkeit oder gar Bosheit unserer Mitmenschen ausgeliefert. Und wer ausgeliefert ist, ist unschuldig, nicht wahr? Doch nach allem, was wir nun über Enttäuschungen wissen, liegt es auf der Hand, dass diese Reaktion die denkbar ungeeignetste, oder besser gesagt: destruktivste Weise ist, um mit Enttäuschungen umzugehen. Sie ist nicht nur ungeeignet im Sinne von »unklug«, sie hält uns vor allem auch in den Grenzen unserer geistigen Beschränktheit, weil sie Lernen und Wachstum verhindert.

Darum möchte ich mich im Folgenden auf vier konstruktive, das heißt uns geistig und seelisch weiterführende Denk- und Verhaltenswege konzentrieren, wie wir mit den Enttäuschungen, die unser Leben trotz aller Vorsicht und Umsicht mit sich bringt, umgehen können:

1. Mache dir klar, dass Enttäuschungen ebenso wie Verletzungen und Misserfolge zum Leben dazugehören.

Mache auch deinen Kindern rechtzeitig klar, dass Enttäuschungen ein ganz natürlicher, selbstverständlich dazugehörender Teil des Lebens sind. Denn auch wenn wir unsere Kinder lieben, können wir ihnen nicht alle Steine im Leben aus dem Weg räumen. Das wäre auch nicht gut, denn wie sollten sie sonst lernen, mit Schwierigkeiten und Misserfolgen sowie Enttäuschungen fertig zu werden und sie als Teil des Lebens zu akzeptieren?

Der französische Dichter Antoine de Saint-Exupéry (er ist der Verfasser des Buches »Der kleine Prinz«) hat ein wunderschönes Gebet geschrieben, in dem es unter anderem heißt:

»Mein Gott!
Bewahre mich vor dem naiven Glauben,
es müsste im Leben alles glatt gehen.
Schenke mir die nüchterne Erkenntnis,
dass Schwierigkeiten, Niederlagen,

*Misserfolge und Rückschläge
eine selbstverständliche Zugabe
zum Leben sind,
durch die wir wachsen und reifen.«*

2. Lerne, in einer Enttäuschung einen Gewinn zu sehen und nicht in erster Linie einen Verlust.

Jede Enttäuschung birgt die Chance, einen Irrtum über Bord zu werfen, Neues zu lernen und neue Einsichten oder gar Fähigkeiten zu erwerben. Durch jede Enttäuschung können wir an Menschenkenntnis und Lebenserfahrung reicher werden. Natürlich überwiegt zunächst bei einer Enttäuschung das Gefühl, etwas Kostbares verloren zu haben – entweder Hoffnung, oder, sofern es sich um Menschen handelt, sehr häufig Vertrauen. Und es ist immer schmerzlich, zu merken, dass unser Vertrauen in einen anderen Menschen zu groß war oder Erwartungen beinhaltete, die der andere nicht erfüllen konnte. Es tut weh, zu merken, dass wir die Liebe, Opferbereitschaft,

Einfühlung oder Toleranz eines anderen Menschen überschätzt haben. Und es ist bitter, festzustellen, dass wir in unserem Vertrauen unvorsichtig, voreilig oder allzu naiv waren, was sich eines Tages rächte. Enttäuschungen sind in der Tat so etwas wie Lehrgeld, das wir für unseren Wagemut und unsere Vertrauensbereitschaft zahlen müssen. Lehrgeld, das wir uns gerne ersparen würden. Doch wem dieser Preis zu hoch ist, wer niemandem vertraut, um von niemandem enttäuscht zu werden, ist der einsamste Mensch auf Erden. Und wer sich anderen Menschen erst dann öffnet, wenn er sich sicher sein kann, dass sie ihn nicht enttäuschen werden, wird sich wahrscheinlich nie dazu durchringen, ihnen zu vertrauen – denn letzte Sicherheit gibt es niemals. Und so verständlich und nachvollziehbar es ist, wenn Menschen aus Enttäuschungen den Schluss ziehen, nicht mehr so schnell zu vertrauen – sie müssen aufpassen, dass sie nicht zu hohe Hürden aufrichten, denen letzten Endes niemand mehr gewachsen ist. Und sie müssen aufpassen, dass sie nicht zu ungenaue und zu verallgemeinernde Schlussfolgerungen aus ihren Enttäuschungen ziehen. Sämtliche Behauptungen oder Überzeugungen, die mit Worten wie »alle«, »keiner«, »immer« oder »nie« bzw. »nie mehr« verbunden sind, kann man von vornherein als eine zu pauschale und deshalb unzutreffende Denkweise oder Schlussfolgerung charakterisieren. Das gilt für Geschlechterstereotypien (»Alle Frauen sind berechnend, alle Männer sind Egoisten!«) ebenso wie für Lebensweisheiten und Sprichwörter à la »Träume sind Schäume« oder steile Behauptungen wie »Jung gefreit, hat nie gereut« oder »Müßiggang ist aller Laster Anfang«. Gerade Sprichwörter verallgemeinern oft zu sehr und legen eine Gesetzmäßigkeit nahe, die in dieser simplen Form einfach nicht existiert.

Eine Erkenntnis hat allerdings meines Erachtens uneingeschränkte Gültigkeit:

»Leben ist immer lebensgefährlich«, schrieb Erich Kästner. Dies meinte er sicher nicht nur im Hinblick auf ein Leben außerhalb des Betts oder Sofas (schon in den eigenen vier Wänden kann sich erstaunlich viel Gefährliches abspielen, man denke nur an die vielen Hausunfälle), sondern Kästner dachte wohl auch an das, was unser Leben erst lebenswert macht, nämlich die Liebe von und zu unseren Mitmenschen – unser Beziehungsleben.

Auch hier besteht, etwas übertrieben formuliert, immer »Lebensgefahr« – man kann schwer verletzt werden von dem Menschen, den man liebt – und man wird selbst oft verletzen. Wichtig ist jedoch, die Wunden anzuschauen, zu behandeln, sie heilen zu lassen und daran zu reifen, anstatt zu zerbrechen.

Antoine de Saint-Exupéry formulierte in seinem Gebet auch die Bitte:

»Mach aus mir einen Menschen, der einem Schiff mit Tiefgang gleicht.«

Wodurch hat ein Schiff Tiefgang? Es hat dadurch Tiefgang, dass es nicht leer durchs Wasser pflügt, sondern Lasten geladen hat. Und auch wir Menschen gewinnen in unsrem Leben nur dadurch Tiefgang, dass wir die »Päckchen« oder Lasten, die das Leben uns –

beispielsweise durch Scheitern oder Enttäuschungen – immer wieder hinwirft oder auflädt, nicht einfach abwerfen, sondern annehmen und tragen – sie so lange tragen, bis wir gelernt haben, was für eine Botschaft darin für uns enthalten ist. Mit anderen Worten: Tiefgang ist ohne Schwierigkeiten im Leben nicht zu haben, und ein Teil dieser Schwierigkeiten sind Enttäuschungen!

3. Lerne, längerfristig zu denken.

Enttäuschungen tun im Moment sehr weh, aber wir wissen oft nicht, wozu sie langfristig gut sind. Als ich einmal aufgrund einer menschlichen Enttäuschung sehr frustriert war, sandte meine Mutter mir eine Postkarte mit einem Spruch des Dichters Eugen Roth. Er lautete:

»*Ein Mensch sieht in die Zeit zurück und sieht: Sein Unglück war sein Glück.*«

Dieser Spruch begleitet mich seither durchs Leben und hat sich schon oft, sehr oft, bewahrheitet. Enttäuschungen zwingen uns oft, neue Wege einzuschlagen, die wir eigentlich nicht gehen wollten. Erst später erkennen wir, dass diese neuen Wege uns zum Glück und Segen gereichten. Man muss allerdings manchmal einen langen, sehr langen Atem haben, um zu begreifen, wozu ein Scheitern oder eine Enttäuschung gut war – und was uns dadurch alles erspart geblieben ist!

– Tief beeindruckt hat mich einmal die Erzählung einer alten Dame, deren Onkel Anfang des 20. Jahrhunderts von Schlesien nach Nordamerika auswandern wollte. Er hatte das Schiffsticket für die Überfahrt schon in der Tasche, so erzählte sie mir, doch er kam nicht rechtzeitig in den englischen Hafen und verpasste sein Schiff. Wie tief seine Enttäuschung gewesen sein muss, hatte er sich doch das Geld für die 3.-Klasse-Überfahrt mühsam zusammengespart. Irgendwie schaffte er es, mit einem der nächsten Schiffe auszuwandern – und er erfuhr, angekommen in den USA, dass sein verpasstes Schiff unterwegs auf einen Eisberg aufgelaufen und gesunken war – mit über 1000 Toten. Dieses verpasste Schiff hieß nämlich »Titanic«.

4. Lerne, weniger von den Menschen zu erwarten oder flexibler und selbstkritischer in deinen Erwartungen zu sein.

Johann Wolfgang von Goethe schrieb einmal folgende tiefe Erkenntnis auf:

*»Das ist die wahre Liebe,
die immer und immer sich gleich bleibt:
wenn man ihr alles gewährt,
wenn man ihr alles versagt.«*

Zu einer solchen »wahren Liebe« sind wir nur in der Lage, wenn wir lernen, sie von unseren eigenen Vorstellungen oder Ansprüchen, wie der andere zu sein hat, immer mehr abzulösen, was in der Regel ein längerer Lernprozess ist. Menschen, die uns lieben und die wir lieben, vor allem erwachsen werdende Kinder, zwingen uns oft zu diesem Lernprozess, wenn wir die Verbindung mit ihnen nicht aufgeben möchten. Er führt uns in eine Liebe hinein, die den anderen liebt, *weil er ist und weil er so, wie er ist, liebenswert ist.*

Sage niemand, dass ihm oder ihr diese souveräne Form der Liebe in den Schoß falle! Diese reife Form der Liebe ist nämlich immer mit einer seelischen Entwicklung, das heißt mit einem Abstand zum eigenen Ich verbunden, der in den meisten Fällen mühsam errungen und erkämpft sein will. Dazu bedürfen wir in der Regel des Gesprächs mit Menschen, die uns auf dem Weg dorthin begleiten und unterstützen.

Als Beispiel dieser reifen Liebe möchte ich den Vater des »Verlorenen Sohnes« darstellen, wie er von Jesus im Lukasevangelium, Kapitel 15, geschildert wird:

Als der jüngere Sohn vom Vater schon zu Lebzeiten sein Erbteil fordert, ist dies ein klarer Affront diesem gegenüber. Es beinhaltet die Botschaft: »Ich will nicht warten, bis du tot bist.« Der Vater ist trotz dieser Kränkung bereit, dem Sohn sein Erbteil auszuhändigen und ihn in die Fremde ziehen zu lassen, obwohl ihm dieser Weggang sicher nicht recht war. Doch er akzeptiert, dass sein Sohn Wege geht, die ihm, dem Vater nicht gefallen, die ihn auch persönlich enttäuschen. Eines Tages taucht der Sohn völlig abgebrannt und zerlumpt wieder beim Vater auf. Er ist noch nicht am Elternhaus angelangt, da, so erzählt Jesus, sieht ihn der Vater schon von ferne – und erkennt ihn, trotz seines sicher sehr veränderten und heruntergekommenen Aussehens. Der Vater hat offenbar auf ihn gewartet, und er tut etwas, was im Orient für einen würdigen Patriarchen eigentlich undenkbar ist: Er läuft voller Freude dem Sohn entgegen und umarmt ihn.

Die Liebe, die sich in dieser Geste zeigt, ist eine Liebe, die sich wahrhaftig immer gleich geblieben ist, die auch von der Enttäuschung nicht zerstört, ja nicht einmal verringert werden konnte! Noch bevor der Sohn um Verzeihung bitten kann, gebietet der Vater den Knechten, ihn anständig einzukleiden und ihn mit den Insignien eines Sohnes (Schuhe und Ring) auszustatten. Außerdem ordnet der Vater an, dass zur Feier der Rückkehr seines Sohnes ein Kalb geschlachtet werden soll. Mit anderen Worten: Der Vater erweist dem Sohn nicht nur die bedingungsloseste Liebe – »was immer du mir angetan, was immer du an Fehlern gemacht hast, du bist und bleibst mein Sohn« –, sondern auch die höchste Anerkennung, indem er ihn unverzüglich in seine alten Rechte als Sohn des Hauses wieder einsetzt und auf den demütigen Vorschlag des Sohnes (»Ich bin hinfort nicht mehr wert, dein Sohn zu sein, mache mich zu einem deiner Tagelöhner«) überhaupt nicht eingeht. Diese Liebe des Vaters ist das, was ich unter reifer Liebe verstehe, weil sie vom Verhalten des Sohnes letzten Endes unabhängig ist und in dieser Unabhängigkeit auch nicht erschütterbar oder zerstörbar ist. Natürlich war die Liebe des Vaters auf die Umkehr des Sohnes angewiesen – doch das war auch die einzige Bedingung.

Jesus wollte durch diese Beschreibung des Vaters deutlich machen, wie wir uns Gott vorstellen sollen. Doch ich meine, dass wir darüber hinaus auch am Vater erkennen können, was Liebe beinhalten kann – auch unsere Liebe als Menschen untereinander.

7. Enttäuschungen mit Gott einst und heute

a) Enttäuschungen mit Gott und Jesus bei den Menschen der Bibel

In den Zehn Geboten heißt es, dass wir uns kein Bildnis von Gott machen sollen. Gemeint waren damals sichtbare Bilder und Statuen aus Holz oder Metall. Etwas anderes kann auch gar nicht gemeint sein, denn wenn wir Menschen uns gedanklich mit Gott beschäftigen, machen wir uns immer auch ein – geistiges – Bild von ihm.

Dieses Bild beinhaltet nicht unbedingt eine Vorstellung von Gottes »Aussehen«, sondern vielmehr eine Vorstellung von Gottes Eigenschaften, sozusagen von seinen »Wesensmerkmalen«.

Im Folgenden möchte ich drei Beispiele aus dem Alten Testament und drei Beispiele aus dem Neuen Testament bringen, die deutlich machen, wie leicht solche menschlichen Vorstellungen eines Tages auch zu bitteren Enttäuschungen führen können.

Altes Testament
1. Hiob wird als ein frommer Mann geschildert, der über viele Jahre – solange es ihm gut ging – an Gottes Gerechtigkeit in der damals üblichen Form glaubte: Dass nämlich Gott die Guten, das heißt die »Frommen« noch zu Lebzeiten belohnt und die Bösen, also die »Sünder« noch zu Lebzeiten bestraft. Diese Vorstellung von Gottes Gerechtigkeit wurde vollkommen enttäuscht, als Hiob trotz seines frommen Lebenswandels in tiefstes Unglück stürzte: Seine Söhne starben allesamt durch ein Unglück, er verlor sein Hab und Gut, und zu guter Letzt wurde Hiob auch noch schwer krank. Seine Ehefrau machte ihrer Enttäuschung dadurch Luft, dass sie ihrem Mann empfahl: »Sage Gott ab und dann stirb!« Hiob hingegen ringt sich trotz seines tiefen Leidens zu der Gegenfrage durch: »Wenn wir Gutes von Gott empfangen haben – sollten wir da das Böse nicht auch annehmen?« Mit

anderen Worten: Er versucht, trotz seiner tiefen Enttäuschung an seinem Vertrauen in Gott festzuhalten. Doch bald schon beginnt er, seiner Verstörtheit in deutlichen Worten gegenüber Gott Luft zu machen: »Warum machst du, Gott, mich zum Ziel deiner Angriffe, sodass ich mir selbst eine Last geworden bin? Und warum vergibst du mir meine Sünde nicht oder lässt meine Schuld hingehen ...?« (Hiob 7,20 und 21)

Deutlich wird, dass Hiob fast irre wird an Gottes Vertrauenswürdigkeit durch dieses scheinbar so willkürliche Umspringen mit seinen Menschenkindern – er kann es einfach nicht begreifen, passt dieses Verhalten Gottes doch nicht zu all dem, was Hiob bisher geglaubt und worauf er sich verlassen hatte. Am Schluss seiner vielen Fragen wird Hiob die Ehre zuteil, von Gott selbst eine Antwort zu erhalten – doch die Antwort besteht nicht in einer Erklärung von Gottes Verhalten, sondern darin, dass Hiob klargemacht wird: »Du kannst mich, deinen Schöpfer, gar nicht verstehen, aber du kannst eines: Du kannst dich auf meine Treue verlassen.« Hiob akzeptiert, dass Gott ihm die Grenzen seiner Einsichtsfähigkeit aufzeigt, und lernt etwas Entscheidendes durch diese schwere Enttäuschung seines bisherigen Gottesbildes dazu: Wichtiger, als Gott zu verstehen, ist es, ihn zu *erfahren* – und zwar nicht nur im Glück, sondern auch im Leid. Nicht nur in dem, was wir durchschauen, sondern auch in dem, was uns zunächst Rätsel aufgibt.

2. Das Volk Israel war durch verschiedene prophetische Aussagen im Lauf seiner Geschichte zu der Überzeugung gelangt, als Gottes »erwähltes Volk« auch unter einem ganz besonderen Schutz dieses Gottes zu stehen. Da sich dieser Gott darüber hinaus nicht nur an sie als Volk, sondern auch – so ihr Glaube – an den Tempel in Jerusalem für alle Zeiten gebunden hatte, war es für die israelitischen Führer fast unvorstellbar, dass ein fremdes (»heidnisches«) Volk sie eines Tages erobern und unterwerfen könnte. Obwohl dies angesichts der geringen Größe und Stär-

ke des israelitischen Königreiches sehr wahrscheinlich war, war es doch von weitaus größeren und mächtigeren Völkern geradezu umzingelt. Eines Tages jedoch geschah das Unfassbare: Gott, ihr Gott Jahwe, ließ es zu, dass das Land Israel von den Babyloniern erobert und die Stadt Jerusalem mitsamt dem Tempel von ihnen in Schutt und Asche gelegt wurde. Und damit nicht genug: Gott ließ es auch geschehen, dass ein großer Teil der Bevölkerung ins Exil nach Babylon ziehen musste! Man kann sich die Enttäuschung, ja Bestürzung des Volkes nicht abgrundtief genug vorstellen, hatte sich doch ein jahrhundertelang weitergegebenes Gottesbild als falsch erwiesen! Ja, es ist keine Übertreibung, zu vermuten, dass Israel durch diese Erfahrung in eine tiefe Krise seines Glaubens stürzte. Doch anstatt in stummer Verzweiflung, lauter Anklage oder wütender Abkehr von Gott zu versinken, machte sich dieses Volk bzw. führende Köpfe desselben an die Arbeit: Sie fragten sich, wie es zu dieser Enttäuschung hatte kommen können. Wer oder was war schuld daran? Und sie erkannten: Wir selbst, wir haben die Fehler gemacht, wir haben die Weichen falsch gestellt, sodass wir letztlich in diese Katastrophe gedriftet sind! Aus der Enttäuschung wurde auf diese Weise ein tiefgreifender theologischer Lernprozess, der zu einem differenzierteren und selbstkritischeren Glauben führte.

3. Der Beter des Psalms 73 erlebte in seinem Glauben eine schwere Krise, als er sah, »dass es den Gottlosen so gut ging«. »Sie sprechen: Wie sollte Gott etwas mitbekommen? Wie sollte der Höchste etwas merken? Siehe, das sind die Gottlosen; die sind glücklich in der Welt und werden reich.« Mit diesem Leben vergleicht er sein eigenes, das voller Plagen ist – und ihn erfasst tiefe Enttäuschung, denn auch er glaubte ursprünglich daran, dass die Frommen von Gott belohnt werden, und fragt deshalb: »Soll es etwa umsonst sein, dass ich mein Herz rein hielt und meine Hände in Unschuld wasche?« Doch die Enttäuschung, ja die Krise wird ihm zum Ansporn, intensiver und gründlicher über

sein Leben und über das Leben der Gottfernen nachzudenken und dieses Leben vor allem vom Ende – und nicht vom schönen Augenblick – her zu bedenken. Und er kommt zu dem ergreifenden Schluss, den ich Ihnen am Ende meines Büchleins zitieren werde.

Neues Testament

1. Al Jesus im Alter von ungefähr 30 Jahren mit seiner öffentlichen Wirksamkeit in seiner Heimat im Norden des heutigen Landes Israel begann, beanspruchte er, im Namen Gottes zu sprechen und zu handeln. Dies weckte entsprechende Bilder vom verheißenen Retter – vom Messias, auf den das Volk Israel schon lange Jahre wartete. Als Jesus eines Sabbats in seiner Heimatstadt Nazareth in der Synagoge aus dem Buch Jesaja vorlas[4], wo von einem endzeitlichen Retter, auf dem der Geist des Herrn ruhte, die Rede war, da sagte er sinngemäß am Ende seines Vorlesens zu den umstehenden Zuhörern: »Das, was ihr

---

[4] Jeder erwachsene männliche Jude hat das Recht, im Synagogengottesdienst einen Abschnitt aus der Heiligen Schrift vorzulesen.

gerade gehört habt, erfüllt sich heute durch mich!« Und sofort regte sich erster Protest: »Moment mal, das ist doch Josefs Sohn, was will der uns denn erzählen?« Ihr Bild von dem Jesus, der in ihrer Stadt seit gut 30 Jahren im Kreis seiner Familie lebte, passte in keiner Weise zu dem Bild, das sie von dem erwarteten »Messias« hatten. Als dieser Jesus ihnen dann noch deutlich machte, dass sie überhaupt kein Recht auf besondere Wundertaten von seiner Seite aus hätten, schlug die Enttäuschung (»Das soll der Messias sein?«) in offenen Zorn um – »und sie standen auf, stießen ihn zur Stadt hinaus und führten ihn an den Abhang des Berges, auf dem ihre Stadt gebaut war, um ihn hinabzustürzen«. Aber Jesus ging mitten durch sie hinweg – und kehrte, so weit wir wissen, nie mehr in seine Heimatstadt zurück. (Lukas 4,16ff.)

2. Jesus selbst war, bevor er ans Licht der Öffentlichkeit trat, von dem Propheten Johannes dem Täufer angekündigt worden als der endzeitliche Retter, der das Volk Israel

zur Umkehr rufen und das Gericht über dieses Volk ausüben würde. Als der Täufer eines Tages von seinem Landesherrn Herodes inhaftiert wurde, weil er Kritik am Königshaus geübt hatte, verfolgte Johannes vom Gefängnis aus Jesu öffentliches Auftreten. Er hatte Informanten, die ihm erzählten, was Jesus sagte, welche Wunder er tat, usw. Die hochgespannten Erwartungen des Johannes schlugen vermutlich immer mehr in Zweifel und Enttäuschung um: Nicht genug damit, dass dieser Jesus keinen Versuch unternahm, ihn aus dem Kerker zu befreien, er machte auch keinerlei Anstalten, ein Gerichtsprediger zu sein! So hatte sich Johannes den von ihm selbst verheißenen endzeitlichen Messias wahrlich nicht vorgestellt! Schließlich schickte er deshalb seine Gefolgsleute zu Jesus und ließ ihn fragen: »Bist du derjenige, der da kommen soll (und den ich angekündigt habe), oder sollen wir auf einen anderen (Messias) warten?« Die Enttäuschung, die in dieser Frage enthalten ist, lässt sich fast mit Händen greifen. Jesus aber gibt ihm keine eindeutige Antwort – doch in seiner Antwort macht er deutlich, dass es immer wieder an uns Menschen liegt, unsere Erwartungen an ihn, Jesus Christus, gründlich zu überprüfen. Jesus zählt auf, was durch ihn alles geschieht: »Blinde sehen, Lahme gehen usw.« – und er endet mit dem warnenden Satz: »... und glückselig ist, wer an mir nicht irre wird!« (Lukas 3 und Lukas 7,18ff.) – Will dies nicht sagen, dass diejenigen, die Jesus nachfolgen, mit Enttäuschungen immer rechnen müssen?

3. Genau diese Erfahrung musste auch der profilierteste und leidenschaftlichste seiner zwölf Jünger machen: Simon, genannt Petrus. Petrus ging davon aus bzw. ahnte, dass es eines Tages zu einem Konflikt zwischen Jesus und der Obrigkeit kommen würde. Doch kämpferisch, wie er war, kündigte er Jesus an, ihn auf gar keinen Fall bei einem Angriff im Stich zu lassen: »Herr«, versicherte er, »ich bin bereit, mit dir ins Gefängnis und in den Tod zu gehen!« Doch Jesus entgegnete ihm nüchtern:

»Petrus, ich sage dir: Der Hahn wird heute nicht krähen, bevor du dreimal geleugnet hast, dass du mich kennst.« – Und dann, wenige Stunden später, geschah das Unfassbare, das Petrus' Glauben von einer Stunde auf die andere aufs tiefste erschütterte: Sein Meister, Jesus von Nazareth, ließ sich widerstandslos verhaften und ohne jede Gegenwehr als Gefangener des Hohenpriesters von Jerusalem wegführen. Petrus war vermutlich am Boden zerstört, doch seine starke Bindung an Jesus drängte ihn dazu, diesem heimlich nachzufolgen und in den Hof zu gelangen, in dem Jesus als Gefangener auf seine Vernehmung vor dem Hohen Rat wartete. Dreimal wurde Petrus angesprochen: »Du bist doch auch einer von denen, du gehörst zu diesem Jesus!« – und dreimal bestritt Petrus dies aufs heftigste. Zu tief saß der Schock in ihm, zu groß war die Enttäuschung, dass Jesus sich wie ein Lamm zur Schlachtbank hatte führen lassen. Das war nicht der Jesus, dem er noch vor kurzer Zeit von ganzem Herzen vertraut hatte, das war auch nicht der Jesus, um dessentwillen er Frau und Familie am See Genezareth zumindest vorübergehend verlassen hatte! Und nachdem er das dritte Mal geleugnet hatte, diesen Jesus zu kennen, der da gefesselt und wehrlos im Hof stand, drehte dieser sich zu ihm um und sah ihn an. Es war ein Blick, der dem Petrus wohl sagte: »Habe ich es dir nicht gesagt, dass du von mir enttäuscht sein wirst? Aber sei getrost – ICH bin nicht enttäuscht von DIR.« Doch Petrus ging dieser Blick durch Mark und Bein, er wandte sich ab, flüchtete aus dem Hof und weinte bitterlich. War es aus Enttäuschung über Jesus – oder vielmehr aus Scham und Enttäuschung über sich selbst? (Lukas 22)

Diese wenigen biblischen Beispiele machen deutlich, dass, wer an Gott glaubte bzw. Jesus als seinem Gesandten vertraute, immer auch mit der Gefahr der Enttäuschung rechnen musste, sofern er sich von diesem Gott oder Gesandten zu konkrete Vorstellungen machte, die entweder der Tradition oder dem eigenen Wunschdenken entsprangen.

b) Enttäuschungen mit Gott heute

Auch heute machen sich alle Menschen, die sich mit Gott geistig auseinandersetzen, unausweichlich bestimmte Bilder von ihm. Die drei häufigsten Gottesbilder, die uns derzeit im deutschsprachigen Raum begegnen, sind – nach meiner Erfahrung – folgende:

Gott als letzte Ursache der Welt
Viele Menschen stellen sich Gott eher unpersönlich und sozusagen weit weg vor (»Irgendetwas muss es ja geben«), deshalb kommen sie auch gar nicht auf die Idee, Gott in ihr Leben mit einzubeziehen. Sie sehen in ihm bestenfalls den Schöpfer, der die Natur schuf und die Evolution einmal in Gang setzte, sich aber ansonsten in das irdische Treiben der Menschen nicht einmischt. Sie sehen Gott deshalb auch nicht als den Begleiter, der hier und heute in ihr persönliches Leben hineinwirkt. Enttäuschungen sind bei diesem Gottesbild nicht zu befürchten, weil auch keine Erwartungen an Gott bestehen.

Gott als Garant eines glücklichen Lebens
Erstaunlich viele Menschen machen sich erst dann Gedanken über Gott, wenn etwas in ihrem Leben nicht so läuft, wie sie es gerne möchten. Sie werden krank, erleben ein Unglück, finden keine Arbeit oder verlieren den Partner ... – und fragen dann: »Warum lässt Gott das zu?« oder »Womit habe ich das verdient, ich habe doch nichts Böses getan!« Das zeigt, dass sie im Grunde ihres Herzens – auch wenn sie sich dessen möglicherweise gar nicht bewusst sind – ganz bestimmte Vorstellungen von den »Aufgaben« Gottes haben – und dementsprechend auch ganz bestimmte Erwartungen:

- Gott sollte dafür sorgen, dass wir Menschen im Leben mit möglichst wenig Leid konfrontiert werden.
- Gott sollte dafür sorgen, dass die Guten belohnt und die Bösen bestraft werden, und zwar schon zu Lebzeiten.

Wer so denkt, weiß wenig oder gar nichts von dem Gott, den Jesus Christus uns verkündet und an den er selbst geglaubt hat. Dieser Gott lässt Leid nämlich sehr wohl zu, ja, er lässt sogar vorzeitigen qualvollen Tod zu, wie das Schicksal Jesu zeigt. Dieser Gott lässt auch zu, dass Unschuldige leiden – und Schuldige ungestraft davonkommen. Insofern ist die Erwartung, dass ein liebender Gott uns Menschen vor allem Leid bewahren sollte, reichlich unrealistisch und entbehrt jeder biblischen Grundlage. Wenn Gott möchte, dass wir Menschen im Lauf unseres Lebens ein seelisches Wachstum durchlaufen, so wird er uns Belastungen und Krisen, Enttäuschungen und Leid gerade nicht ersparen, denn dadurch lernen wir viel mehr als durch ein Leben, in dem alles glatt und bequem dahinplätschert.

Gott als persönlicher Gott, der uns durchs Leben führt und begleitet
Dies ist die verbindlichste Vorstellung von Gott, weil sie eine lebendige Beziehung zwischen den Menschen und Gott voraussetzt. Geführt werden von Gott kann man ja nur,

wenn man nach Gottes Willen fragt und bereit ist, sich führen zu lassen. Schließlich behandelt Gott uns nicht als unmündige Kinder, die man »zu ihrem Glück zwingen muss«, sondern als mündige Erwachsene, die selbst entscheiden, inwieweit sie sich der Führung eines anderen anvertrauen wollen. Wenn Menschen sich für diese intensive Form der Gottesbeziehung entscheiden, erleben sie viel mit Gott – aber nicht nur Ermutigendes, sondern auch Unverständliches. Da hat man so sehr für einen Kranken gebetet und an seine Heilung geglaubt – und Gott lässt ihn dennoch sterben. Da hat man so darauf gehofft, eine bestimmte Stelle zu bekommen – und erhält eine Absage. Da war man so überzeugt davon, endlich den Partner fürs Leben gefunden zu haben – und wird abgewiesen. Oder man betet jahrelang darum, ihn zu finden – und niemand taucht auf. Gerade wer viel Hoffnung und Herzblut ins Gebet investiert und sich womöglich noch auf biblische Verheißungen verlässt (»Bittet, so wird euch gegeben ...!«), wird eines Tages fast zwangsläufig die Enttäuschung erleben, dass diese Verheißungen offenbar nicht immer so wortwörtlich gemeint sind, wie wir sie verstehen. Und dass Gottes Liebe auch Seiten beinhaltet, die wir uns unter »Liebe« nach menschlichem Ermessen überhaupt nicht vorstellen …

Insofern würde ich sagen: Auch für den Menschen, der Jesus nachfolgt, sein Leben mit ihm teilt und Gottes Wort achtet, kommt eines Tages der Moment der Enttäuschung. Denn wir alle machen uns Hoffnungen – auch in unsrem Glauben –, und das dürfen wir auch, aber wir müssen auch mit enttäuschten Hoffnungen umgehen lernen, ohne den Glauben an Gott deswegen aufzugeben. Hilfreich ist hier das Gespräch mit anderen erfahrenen Christen, denn »das Wort, das dir hilft, kannst du dir nicht selber sagen« (afrikanisches Sprichwort)! Hilfreich ist es, sich bei solchen enttäuschten Erwartungen oder Hoffnungen klarzumachen:

• Gott denkt in längerfristigeren Dimensio-

nen als wir und weiß auch, was langfristig unserem Wohl dient.
- Der Anspruch des Menschen, Gott zu verstehen, ist von vornherein vermessen, denn dazu müsste der Mensch sein wie Gott – das ist er aber nicht.
- Ohne Enttäuschungen wären wir nicht gezwungen, auch an unserem Glauben immer wieder zu arbeiten und möglicherweise Korrekturen vorzunehmen. Wir würden zu selbstsicher werden und vermutlich meinen, wir hätten die Wahrheit vollständig erkannt ...
- »Es gibt erfülltes Leben trotz vieler unerfüllter Wünsche«, sagte Dietrich Bonhoeffer einmal. Vielleicht möchte Gott uns auch mit mancher nicht erfüllten Hoffnung, mancher Enttäuschung in unserem Leben klarmachen, dass wir einer Sache zu viel Bedeutung und Gewicht beimessen und zu sehr unser Glück darin suchen, sie zu erreichen ...

Wohlgemerkt, diese Gedanken sind keine Erklärungen dafür, weshalb Gott auch seinen

Kindern immer wieder Enttäuschungen, Verletzungen und Leiden aller Art zumutet. Aber es sind Gedanken, die deutlich machen sollen, dass ein Glaube ohne Enttäuschungen vermutlich genauso wenig möglich ist wie eine liebevolle Beziehung ohne Enttäuschungen.

Und ich selbst? Ich sehe in Gott den verständnisvollen, aber auch unbestechlichen Freund, dem ich nichts vormachen kann und der mich dennoch so annimmt, wie ich bin. Ich sehe ihn als den, der an meinem Leben intensiven Anteil nimmt und mir jeden Tag neu begegnen möchte. Ich sehe Gott aber auch als den unermesslichen, undurchschaubaren Herrn der Welt, der uns durch Jesus ein wenig näher gekommen und ein wenig fassbarer geworden ist. Ein wenig!

Bedeutet das nun, dass ich keine Enttäuschungen mit Gott erlebe? Keineswegs – aber sie werden seltener. Auch ich habe ja nur meine begrenzten Vorstellungen, und auch ich verbinde mit meinem Glauben immer wieder

Hoffnungen und Wünsche, ja: auch Erwartungen. Und wenn eine dieser Hoffnungen enttäuscht wird, bin ich erst einmal ratlos und frustriert. Aber dann sage ich mir: »Was will mir Gott damit sagen? Was soll ich vielleicht durch diese Enttäuschung lernen, was ich bisher nicht gewusst oder verstanden habe? Außerdem: Wenn Gott mir dies zumutet, dann muss es ja auch für irgendetwas gut sein!«

Und das Wunder geschieht, wenn wir so fragen – nicht gleich, aber nach und nach: Durch die dunkle Wolkendecke unserer Enttäuschung bricht das Licht des Vertrauens und der Erkenntnis, dass auch die Enttäuschungen in unserem Leben einen tiefen Sinn haben.

Ich schließe mit dem Gebet eines Menschen, der auch tief enttäuscht von einigen Erwartungen an Gott und an das Leben Abschied nehmen musste, der jedoch seine Zwiesprache mit Gott mit den Worten beendet (übersetzt von Martin Luther):

Dennoch bleibe ich stets an dir,
denn du hältst mich an meiner rechten Hand.
Du leitest mich nach deinem Rat
und nimmst mich am Ende in Ehren auf.
Wenn ich nur dich habe,
so frage ich nicht nach Himmel und Erde,
wenn mir auch Leib und Seele verschmachten,
so bist du doch, Gott,
immerwährend meines Herzens Trost und mein Erbteil[5]*.*

Psalm 73,23-26

---

[5] Erbteil = der Teil des väterlichen Besitzes, den einem niemand streitig machen kann.